햇빛은
얼마일까?

글 김바다

봄이 되면 옥상 텃밭에서 밀과 보리, 벼, 콩, 방울토마토 등을 기르며 도시 농부로 살고 있습니다. 어린이들이 읽는 글을 쓰며, 노원어린이도서관에서 꼬마 농부 키우기 프로그램 〈꿈꾸는 꼬마 씨앗〉을 진행했습니다.
지은 책으로 동시집 《수리수리 요술 텃밭》 《소똥 경단이 최고야!》 《안녕 남극!》, 창작동화 《지구를 지키는 가족》 《시간 먹는 시먹깨비》, 지식 정보책 《우리 집에 논밭이 있어요!》 《북극곰을 구해 줘!》 《쌀밥 한 그릇에 생태계가 보여요》 등이 있습니다. 제8회 서덕출문학상을 수상했고, 2015년 5학년 1학기 국어 교과서에 동시 〈곤충 친구들에게〉가 실렸습니다.

그림 윤진현

대학에서 일러스트를 공부하고 지금은 어린이 책에 그림을 그리고 있습니다. 그동안 쓰고 그린 책으로는 《내 마음을 보여 줄까?》 《고릴라 할머니》 《내가 왕이야!》가 있으며, 그린 책으로는 《안전을 책임지는 책》 《건강을 책임지는 책》 《신기한 바다 치과》 등이 있습니다.

| 이 책에 대한 설명 |

햇빛은 우리 몸을 따뜻하게 하고, 식물도 쑥쑥 자라게 하고, 빨래도 마르게 합니다. 그런데 햇빛이 우리 생활에 도움을 주는 건 이것만이 아니에요. 햇빛(태양광) 에너지와 햇볕(태양열) 에너지를 이용한 다양한 제품들이 많이 나오면서 생활을 윤택하게 만들어 주지요.
이 책에서는 태양열을 이용해서 계란을 삶아 먹고, 태양광 에너지를 모아 전기를 만들고 영화도 볼 수 있다는 것을 알려 줍니다. 이 책을 통해 햇빛이 우리에게 얼마나 많은 혜택을 주는지, 만약 햇빛이 사라진다면 이 세상은 어떻게 될지 한번쯤 생각해 보고 햇빛의 소중함과 고마움을 다 같이 느낄 수 있었으면 좋겠습니다.

스콜라
꼬마지식인 16

햇빛은 얼마일까?

김바다 글 | 윤진헌 그림

위즈덤하우스

진희는 낮을 좋아합니다.
정확히는 햇빛을 좋아합니다.
더 정확히는 밝고 따스한 햇빛을 좋아합니다.
그런데요,
햇빛이 사라졌어요.

며칠 동안 깜깜한 하늘에서 비만 내리고 있어요.
일주일 동안 햇빛을 못 본 진희는 울음을 터뜨리기 직전이에요.
"아빠, 햇빛이 없어서 너무 어둡고 축축해요."
"어떡하지? 장마철이라 먹구름이 해를 완전히 가려 버렸어."
"햇빛을 못 보니까 힘도 없고 모든 게 귀찮아져요."
진희는 시무룩한 얼굴로 창밖을 바라보았어요.
"아빠가 하늘로 올라가서 비를 그만 내려보내라고 할 수도 없고.
며칠만 기다리면 장마가 끝나고 해가 나올 거야."

하지만 장맛비는 열흘이 넘도록 쉬지 않고 내렸어요.
"하늘에 구멍이 났나? 비가 그칠 생각을 않는구나."
아빠는 며칠 내내 웅크리고 있는 진희를 생각해서
스탠드와 엘이디 전구를 사 왔어요.
"진희야, 이리 와 보렴. 햇빛과 비슷한 빛을 내는 전구야!"
"이건 그냥 밝기만 해요. 전 밝고 따스한 햇빛이
필요하다고요."

진희는 시큰둥하게 말했어요.
"어떡하니? 장맛비가 안 그치니."
엄마도 원망스런 눈으로 주룩주룩
내리는 비를 바라보았어요.

엘이디와 햇빛은 어떤 점이 다른가요?

엘이디는 밝은 빛을 내지만 열이 적게 나고 햇빛처럼 멀리 전해지지 않아요.

햇빛은 밝은 빛을 내고 멀리까지 열이 전해져서 햇볕을 쬐고 있으면 몸이 따뜻해지고 온도도 올라가요.

진희는 우비를 입고 집 밖으로 나갔어요.
골목길에서 비를 쫄쫄 맞으며 걸어가는
고양이를 만났어요.
"냥이야, 어디 가면 햇빛을 볼 수 있니?"
"몰라. 은행나무한테 물어봐!"
진희는 도로변에 있는 은행나무에게 물었어요.

"은행나무야, 너는 햇빛이 어디 있는지 아니?"
"글쎄……. 비둘기에게 물어봐!"
진희는 비를 피하고 있는
비둘기에게 다가갔어요.
"비둘기야, 어디 가면 햇빛을 만날 수 있니?"
"해가 떠오르는 동쪽으로 가 봐."

진희는 비둘기 말을 생각하며 동쪽으로 걸어갔어요.
한참 걷다 보니 잘 꾸며 놓은 공원이 나왔어요.
공원에는 해바라기들이 있었어요.
"해바라기야, 넌 어디 가면 햇빛을 볼 수 있는지 아니?"
"나도 못 봤어. 해가 구름 뒤에 숨어서 나오질 않아."
가장 키가 큰 해바라기가 힘없이 대답했어요.
"이러다 햇빛을 영영 못 보면 어쩌지?"

진희는 그만 땅에 주저앉아서 울음을 터뜨렸어요.
그때, 가장 키가 큰 해바라기가 고개를 들고 하늘을 보며 말했어요.
"애야, 울지 말고 하늘을 봐!"
진희는 눈물을 닦고 하늘을 보았어요.
구름 사이로 해가 살짝 얼굴을 내밀고 있었어요.

보름 만에 비가 그친 거예요.
"너희도 햇빛을 많이 기다렸지?"
장맛비에 지쳐 있던 나뭇잎들이 햇빛을 받아 반짝였어요.
"오늘까지도 해가 안 나왔다면 우리는 더 못 살고 죽었을지도 몰라."
나뭇잎들이 생글생글 웃으며 대답했어요.
공원 가운데 있는 놀이터에도 아이들이 놀러 나왔어요.
"지금도 비가 계속 내렸다면 너무 심심해서
우리 엉덩이에 뿔이 솟아났을 거야."
공원 옆 텃밭의 방울토마토도 조잘댔어요.
"이제 해가 나왔으니 우리도 금방
빨개질 수 있을 거야."

따끈따끈한 햇빛이 땅으로 쉴 새 없이 쏟아졌어요.
해바라기는 햇빛을 따라다니며 씨앗을 익혔고,
사과, 배, 감, 대추, 밤도 쑥쑥 자랐어요.
개구리는 논두렁 그늘로 나와 햇볕을 쬐고,
잠자리도 나뭇가지에 내려앉아
따사로운 햇살을 받으며 낮잠을 잤어요.
진희도 벤치에 앉아 몸속에 햇빛을
차곡차곡 담았어요.

햇빛 발전소(태양광 발전소)

햇빛을 받아 전기를 생산하는 전지판을 처음 이용한 곳은 인공위성이에요. 우주에서 햇빛을 받아 전기를 만들어 인공위성을 움직이는 데 이용했지요. 햇빛 발전소는 지붕과 옥상, 사막에서 파랗게 반짝거리는 태양광 전지판으로, 전기를 생산하는 시설을 말해요. 학교나 건물의 옥상, 빈터, 주차장에 설치해서 전기를 생산하지요.

진희네 학교 옥상에는 햇빛을 받아 전기를 생산하는
햇빛 발전소가 있어요.
발전소에서 만든 전기는 한국전력에 돈을 받고 팔아요.
옥상 햇빛 발전소는 보름 동안 비가 내려서
전기를 생산할 수 없었어요.
　그래서 그동안 생산하지 못한 전기를 보충하느라
　　햇빛 전지판이 반짝반짝 빛나고 있어요.

햇빛 발전 자동차도 햇빛을 받아 전기를 생산해서
축전지에 차곡차곡 쌓았어요.
밤에 공원에서 그 전기로 영화를 상영하고,
마을 사람들은 영화를 보며 더위를 식혔지요.
아이들은 자전거 발전기를 돌려서 솜사탕을 만들어 먹었고요.
물론 햇빛이 안 나온 날에는 영화를 볼 수 없었어요.

햇빛 발전 자동차
자동차나 트럭을 고쳐 지붕과 옆면에 햇빛 전지판을 붙여서
전기를 만들어요. 또 햇빛 발전을 할 수 있는 전지판을 차에
싣고 다니며 햇빛이 잘 드는 곳에 세워서 전기를 쌓아 놓지요.

자전거 발전기
자전거를 고쳐서 모터를 달고 자전거
페달을 밟을 때마다 전기가 만들어지도록
해요. 자전거 페달을 밟아서 생산한
전기로 솜사탕도 만들어요.

토요일이 되자, 진희는 공원으로 산책을 나갔어요.
공원에서는 햇볕 조리기로 달걀을 삶고 있었어요.
햇볕으로 삶은 달걀은 인기가 많아서 삶자마자 다 팔렸어요.
"엄마, 나도 햇볕으로 삶은 달걀 먹고 싶어요."
진희는 엄마를 졸라 달걀을 샀어요.
공원에 나온 아이들은 누구나 먹고 싶어 하는 신기한 달걀이에요.

햇볕 조리기(태양열 조리기)
알루미늄 반사판을 이용해 냄비에 햇볕이 모이도록 만든 기구예요. 냄비나 솥의 온도가 1,000℃까지 올라가기도 해요. 햇볕 조리기로 삶는 달걀은 가스레인지에서 삶는 달걀과 달리 노른자와 흰자가 동시에 익어요.

진희네 가족은 여름방학 때 서쪽 바다로 여행을 떠났어요.
따끈따끈한 햇빛이 내리쬐고 파도가 넘실대며 밀려왔어요.
모래는 발을 디딜 수 없을 정도로 뜨거웠어요.
"엄마, 아빠! 바닷물에 들어오세요!"
튜브를 타고 놀던 진희가 소리쳤어요.
햇빛을 받아 몸은 따뜻한데 물속은 시원했어요.
모래사장에는 일광욕을 즐기는 사람들이 많았어요.
햇빛에 피부를 태우며 비타민D를 몸속에
저장하는 중이었지요. 그래야 겨울을
건강하게 지낼 수 있으니까요.

수영을 끝내고 바닷가 염전에도 들렀어요.
햇빛과 바람이 바닷물을 증발시켜서 소금을 만들었어요.
"햇빛이 소금을 만드는 줄 몰랐어요."
진희는 반짝반짝 빛나는 소금을 살짝 찍어서 먹어 보았다가
너무 짜서 삼키지 못하고 뱉었어요.
소금이 짤랑짤랑 소리를 낼 것처럼 하얗게 반짝였어요.
"엄마, 아빠! 우리도 소금을 밀어요."
진희네 가족은 장화를 신고 기다란 밀대로 소금을 밀었어요.
염전 바닥에서 만들어진 하얀 소금이 산처럼 높아졌지요.

소금을 만드는 밭, 염전
논처럼 공간을 만들어서 바닷물을 모아 놓고
햇빛과 바람의 힘으로 바닷물을 증발시켜요.
그럼 물은 날아가고 소금만 남게 되지요.

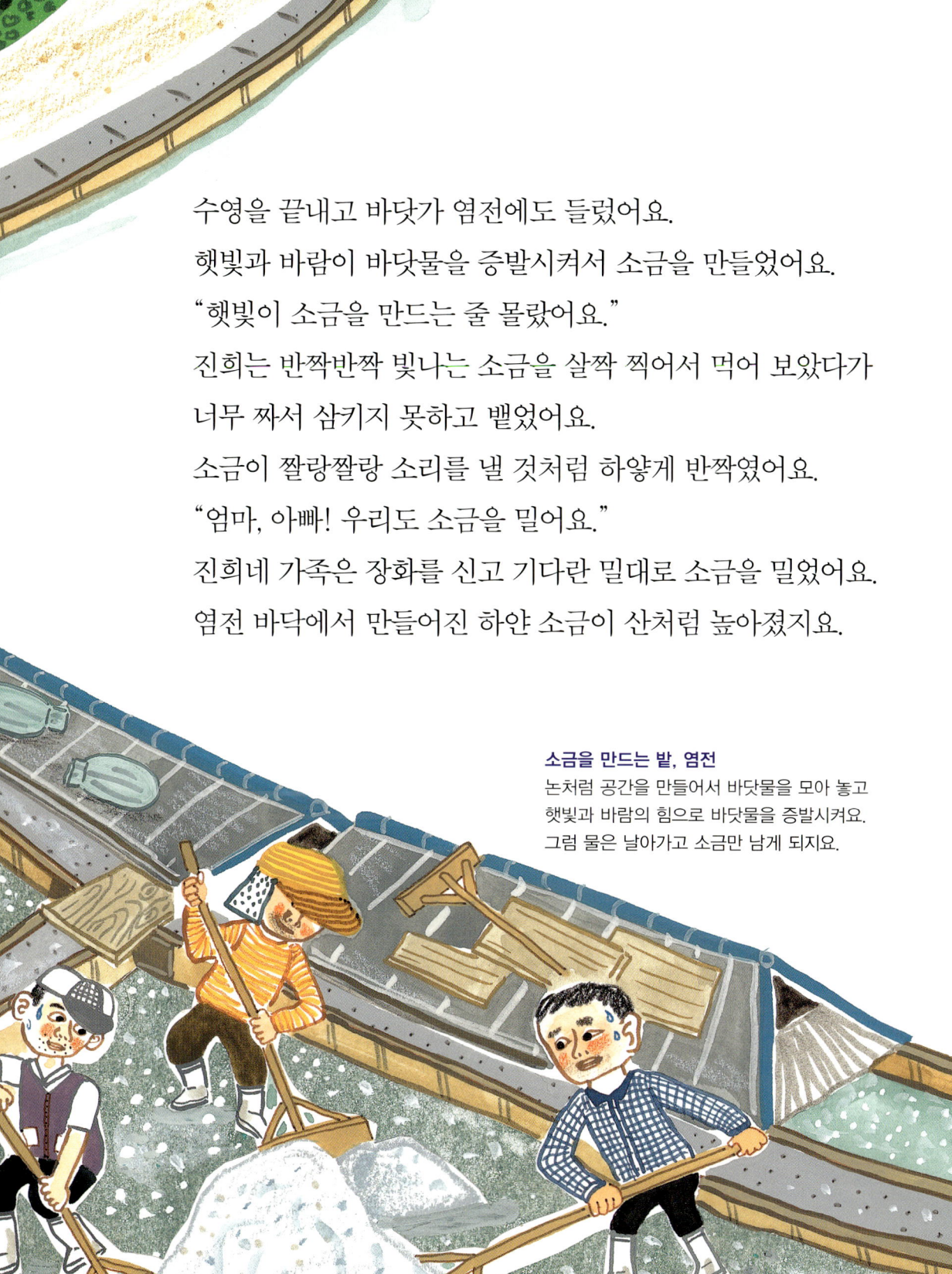

가을이 되자, 진희는 들판으로 나갔어요.
따사로운 햇빛이 밭에 내려앉고 있었어요.
콩잎이 햇빛을 받아먹고 콩꼬투리 속 콩을 키우는 중이에요.
수수는 하늘과 누가 더 크나 키 자랑을 하고요,
고개 숙인 조 이삭은 머리가 무거워 땅만 내려다보아요.
논에 있는 벼도 흔들흔들 춤을 추면 메뚜기가
벼 잎사귀에 앉아 살짝살짝 햇빛을 받아먹어요.

이번에는 진희랑 엄마랑 동쪽 바다로 여행을 갔어요.
오징어 덕장에는 배에서 잡아 온 오징어들로 가득했어요.
오징어들은 빨래처럼 바람 그네를 타며
햇빛에 몸을 말리는 중이었어요.
"이렇게 많은 오징어를 다 잡은 거예요?"
진희는 나란히 걸려 있는 오징어들을 보고 말했어요.
"그럼. 이렇게 햇빛이 좋은 날에 부지런히 오징어를 말려야지."
엄마의 말을 듣고 진희는 햇빛이 더 좋아졌어요.
진희는 마른 오징어를 참 좋아하거든요.

햇빛 좋을 때 말리면 좋은 것들
가을에 수확한 채소와 과일은 말려 놓으면 상하지 않아 보관하기 좋아요. 말리면 좋은 것들에는 봄나물, 곶감, 무말랭이, 무시래기, 호박고지, 고구마, 오징어, 황태, 미역, 다시마 등이 있어요. 고마운 햇빛과 바람으로 말린 채소와 과일은 사람들에게 겨우내 영양 보충을 해 줘요.

여행을 마치고 집으로 돌아온 진희는
시간이 날 때마다 옥상에 올라가요.
진희네 옥상에는 무와 가지, 호박이 줄줄이 매달려 있어요.
진희는 옥상에 있는 의자에 앉아 햇빛을 쬐었어요.
햇빛을 쬐고 있으면 몸이 따뜻해지면서
마음도 함께 따뜻해지거든요.
"진희야, 햇빛에 너무 오래 있으면 얼굴도 타고
자외선 때문에 피부에도 안 좋아."
엄마가 걱정되어 진희에게 내려오라고 해요.
"엄마, 괜찮아요. 조금만 더 있다 들어갈게요."

자외선
눈에 보이지 않는 빛

가시광선
눈에 보이는 빛

적외선
눈에 보이지 않는 빛

햇빛을 많이 쬐면 부작용도 생겨요.
햇빛은 우리 몸에 비타민D를 만들어 줘요.
하지만 햇빛에 너무 오래 있다 보면 자외선 때문에
피부가 쉽게 늙고 피부암을 일으킬 수 있어요.
그래서 피부 보호를 위해 자외선 차단제를
바르는 게 좋아요.

진희는 여기저기 여행을 다녀오고 나니
햇빛이 더 고마워졌어요.
그래서 하늘에 뜬 해를 올려다보았어요.
너무 밝아서 눈도 제대로 뜰 수 없었지요.
"햇빛아, 머나 먼 태양에서 달려와 줘서 고마워!"
진희는 햇빛이 없는 지구를 잠깐 상상해 보았어요.
햇빛이 없어서 깜깜한 지구는 아무것도 안 보이고,
누구도 살 수 없을 거예요.
진희도 지금 이 자리에 있을 수 없겠지요.

해는 지구에서 가장 가까운 별로 지구보다 109배나 커요. 수소가 헬륨으로 변하면서 빛과 열을 내고, 수명은 약 100억 년이며, 현재 46억 년이 지났다고 해요.

진희는 옥상에 서서 지는 해를 바라보았어요.
땅으로 내려가는 해가 점점 붉어져 홍시보다 더 빨개졌어요.
똑 따서 먹으면 호르륵 목에 넘어갈 것 같았어요.
어느덧 동쪽 하늘에서 달이 떠올랐어요.
햇빛이 없으면 달이 있는지도 모를 거예요.
달이 지구의 위성이라는 것도 알 수 없을 거예요.

달은 지구의 위성으로, 태양의 빛을 받아 반사하기 때문에 우리가 볼 수 있어요. 달이 지구 주위를 도는 데는 한 달이 걸려요.

"아빠, 햇빛이 없으면 지구의 생명체는 모두 살 수 없을 거예요."
"그래, 햇빛은 우리에게 없어서는 안 되는 매우 소중한 것이지."
"그럼, 햇빛은 얼마일까요?
햇빛이 우리에게 주는 혜택을 돈으로 계산하면 어떻게 될까요?"
"글쎄 얼마일까? 아빠는 한 번도 생각해 본 적이 없네.
진희가 한번 계산해 볼래?"
"지구를 밝게 해 준 값, 따뜻하게 한 연료비,
식물 기른 값, 동물 키운 값, 일광욕 값, 일출 사진 모델료…….
햇빛에게 받은 게 너무 많아요.
마치 아빠 엄마가 저를 사랑해 주는 것처럼요."
"하하하! 이 녀석, 많이 자랐구나."
아빠와 진희의 얼굴에는 햇빛만큼 밝은 미소가 떠올랐어요.

| 부 록 |

햇빛 에너지로 할 수 있는 것들

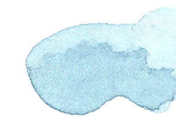

햇빛 에너지가 연료로 쓰여서 영화를 보고, 계란도 삶고, 발전기도 돌리는 걸 앞에서 보았지요? 이것 말고도 태양광 전지판만 있으면 햇빛을 모아 다른 제품들도 작동시킬 수 있대요. 햇빛 에너지를 이용해서 만든 다른 제품들에는 무엇이 있을까요?

태양광 배
배 지붕에 둥근 태양광 전지판을 달고 가까운 거리를 운행해요.

태양광 오토바이
오토바이를 세워 둘 때 태양광 전지판으로 전기를 쌓아 놓고, 그 전기를 이용해서 움직여요.

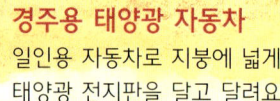

경주용 태양광 자동차
일인용 자동차로 지붕에 넓게 태양광 전지판을 달고 달려요.

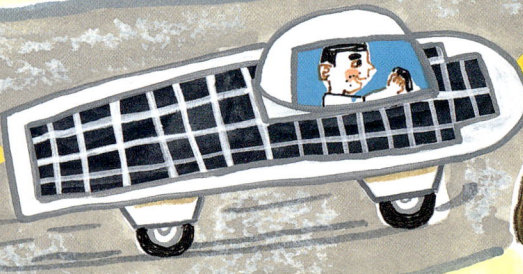

태양광 휴대 전화 충전기
태양광 전지판으로 생산한 전기를 쌓아 두었다가 휴대 전화에 충전해요.

태양열 난방, 온수기
낮에 햇볕의 뜨거운 열로 물을 데워 난방을 하고 온수로도 사용해요.

태양광 가로등
낮에 태양광 전지판으로 쌓아 둔 전기를 이용해서 어두워지면 가로등에 불을 켜요.

햇볕 건조기
긴 상자 뚜껑에 투명 비닐이나 유리를 씌우면 햇볕이 공기를 뜨겁게 데워서 농작물을 말리는 건조기가 돼요.

태양광 분수
태양광 전지판으로 생산한 전기로 분수의 물을 뿜어 올려요.

햇빛 선풍기 모자
모자에 태양광 전지판을 달고 모자챙에 작은 선풍기를 단 모자예요. 햇빛이 많이 쬐는 곳에서 써야 한다는 단점이 있지만, 써 보면 생각보다 시원해요.

자연을 이용한 친환경 에너지

요즘은 환경오염이 점점 더 심각해져서 친환경 에너지가 많이 나오고 있어요. 햇빛 에너지는 모을 수 있는 에너지의 양이 많아 오래 사용할 수 있지만, 비가 오는 날이나 밤에는 모을 수 없다는 단점이 있어요. 그럼 햇빛 에너지 말고 다른 친환경 에너지에는 무엇이 있는지 알아보아요.

수력 에너지

댐에 물을 가두고 높은 곳에서 낮은 곳으로 물이 떨어지는 힘을 이용해서 발전기를 돌려 전기를 만들어요. 최근에는 하천이나 저수지의 물이 높은 곳에서 낮은 곳으로 떨어질 때의 힘으로 전기를 생산하는 소수력발전이 많이 이용돼요.

바이오 에너지

나무, 풀, 농작물 찌꺼기, 가축의 똥오줌, 사람의 똥오줌, 음식 쓰레기를 썩게 해서 나오는 가스와 찌꺼기를 에너지로 사용해요. 우리 주변에서 흔히 볼 수 있는 것들을 자원으로 하기 때문에 쉽게 구할 수 있지만 운반하기 어렵고, 에너지로 바꾸는 시설을 만드는 데 비용이 많이 들어요.

조력 에너지
바닷물이 지나는 길을 막고 밀물과 썰물에 따라 전기를 만들어요. 밀물 때 바닷물을 가두었다가 썰물 때 가두어 둔 바닷물을 흘려보내는 원리가 수력 에너지를 만드는 것과 비슷해요.

바람(풍력) 에너지
자연에서 불어오는 바람의 힘으로 커다란 날개를 돌려서 전기를 생산해요. 바람 에너지도 전기를 많이 만들 수 있어서 전 세계에서 많은 관심을 갖고 있지요.

수소 에너지
물을 전기 분해하면 나오는 수소로 자동차를 움직여요. 수소 에너지는 다른 에너지에 비해 많은 양을 만들어 낼 수 있지만, 폭발의 위험성도 있고 이동하기에 쉽지 않다는 단점이 있어요.

스콜라 꼬마지식인 16
햇빛은 얼마일까?

초판 1쇄 발행 2015년 11월 9일 **초판 4쇄 발행** 2024년 2월 2일

글 심바다 **그림** 윤진현
펴낸이 이승현

편집3 본부장 최순영 **교양 학습 팀장** 김솔미
키즈 디자인 팀장 이수현 **디자인** 마루·한

펴낸곳 (주)위즈덤하우스 **출판등록** 2000년 5월 23일 제13-1071호
제조국 대한민국 **주소** 서울특별시 마포구 양화로 19 합정오피스빌딩 17층
전화 02) 2179-5600
홈페이지 www.wisdomhouse.co.kr **전자우편** kids@wisdomhouse.co.kr

ⓒ 김바다·윤진현, 2015

ISBN 978-89-6247-655-2 74400

*이 책의 전부 또는 일부 내용을 재사용하려면 반드시 사전에 저작권자와
 ㈜위즈덤하우스의 동의를 받아야 합니다.
*인쇄·제작 및 유통상의 파본 도서는 구입하신 서점에서 바꿔드립니다.
*이 책의 사용 연령은 8~13세입니다.
*책값은 뒤표지에 있습니다.